Meditando com os
ANJOS

Meditando com os ANJOS

Texto: SÔNIA CAFÉ
Ilustrações: NEIDE INNECCO

Editora Pensamento
SÃO PAULO

Ilustrações de Neide Innecco
1ª edição 2012
Texto de acordo com as novas regras ortográficas da língua portuguesa.

Coordenação editorial: Denise de C. Rocha Delela e Roseli de Sousa Ferraz
Diagramação: Join Bureau
Revisão: Indiara Faria Kayo

Direitos reservados
adquiridos com exclusividade pela
EDITORA PENSAMENTO-CULTRIX LTDA.
Rua Dr. Mário Vicente, 368 – 04270-000 – São Paulo, SP
Fone: (11) 2066-9000 – Fax: (11) 2066-9008
E-mail: atendimento@editorapensamento.com.br
http://www.editorapensamento.com.br
Foi feito o depósito legal

SUMÁRIO

APRESENTAÇÃO

Os Anjos são seres que vivem na presença de Deus. Quando presentes na consciência humana, eles nos ajudam a não nos esquecer da nossa origem espiritual e tornam claro o propósito da nossa vida aqui na Terra. Esses seres nunca estiveram tão próximos de nós quanto neste momento do planeta. Eles estão aqui para nos ajudar a entrar em contato com a fonte da sabedoria divina, inerente ao nosso ser. Hoje a maior tarefa desses seres é se comunicar diretamente com o nosso coração e mudar o curso dos nossos pensamentos e ações, para que possamos, juntos, transformar a nossa realidade e tornar a nossa vida uma jornada verdadeiramente mágica.

O propósito deste livro é inspirá-lo a fazer contato com o Reino Angélico, convidando os Anjos a participar da sua vida. Aqui eles estão representados por palavras-chaves ou qualidades que poderão ser uma fonte de inspiração quando você estiver diante de uma indagação, da necessidade de esclarecer um fato, ação ou situação em sua vida, ou simplesmente quando quiser meditar sobre uma determinada qualidade que gostaria de desenvolver.

Primeiro, faça um instante de silêncio e formule mentalmente sua pergunta ou visualize claramente a situação para a qual precisa de esclarecimento. Fique em silêncio por mais um instante, desta vez pensando nos Anjos e deixando que o seu subconsciente entre em sintonia com esses seres iluminados. Agora é só abrir o livro e focalizar uma página para descobrir qual Anjo veio em seu auxílio para lhe trazer inspiração ou o esclarecimento de que necessita.

Ao abrir este livro, você encontrará, na mesma página, o desenho representando o Anjo e a qualidade que ele lhe traz, junto com um texto para reflexão e uma afirmação. A imagem do Anjo com a sua palavra-chave poderá ser suficiente para expandir a sua compreensão. O pequeno texto para reflexão poderá levá-lo a perceber novos ângulos da situação que o preocupa no momento. A afirmação, com pensamentos e ideias positivas, quando repetida, poderá fortalecer em você a manifestação das atitudes e qualidades inspiradas pelo Anjo.

Tudo que precisamos saber já está dentro de nós. Este livro é só um instrumento para ajudá-lo a entrar em contato com a sua essência interior, por meio da sabedoria dos mensageiros do Reino Angélico. Basta abrir numa página e descobrir o que os Anjos querem dizer a você!

Este pequeno livro é uma demonstração de profunda gratidão e reconhecimento aos Anjos de Deus, sem os quais a "experiência de Ser" não seria possível aos homens e mulheres deste Planeta.

"Não estamos interessados em abrir mentes. As mentes sempre seguiram o fervor do coração. Estamos interessados em abrir corações."

Os Anjos, através de Ken Carey, em *ESTRELA-SEMENTE A Vida no Terceiro Milênio* (Editora Pensamento, São Paulo, 1991).

OS ANJOS

O ANJO DA PACIÊNCIA

Com a qualidade da paciência, saberemos seguir o fluxo da energia passo a passo, em direção ao sucesso de nossas realizações. Se manifestamos uma paciência amorosa, sem esperar que as coisas aconteçam rapidamente, estaremos conscientes de que tudo o que fazemos tem um valor real. A Natureza nos dá o grande exemplo de amorosa paciência através dos maravilhosos tesouros que cria.

Minha paciência opera milagres
na minha vida.

O ANJO DO PODER

O poder da Alma se revela na personalidade como propósito claro e capacidade de decidir pelo bem de todos os envolvidos numa determinada situação. O poder que vem dessa dimensão anímica jamais seria um poder exercido sobre alguma coisa ou sobre alguém, mas um poder exercido com alguém, ou seja, a partilha das bênçãos espirituais que emergem quando nos sintonizamos com o propósito de Deus para a nossa vida.

Poder Infinito, revigora-me!
No meu ser real sou forte, feliz e sereno.

O ANJO DA EXPECTATIVA

O que você quer ver nascer a partir de si mesmo? A essência da expectativa é saber esperar por aquilo que sabemos já está semeado dentro de nós, como uma mulher grávida que sabiamente espera até que esteja pronta a criança que vai nascer. Enquanto isso, a mãe a espera nutrindo e cuidando para que seja bem recebida.

Estou sempre esperando o melhor
de mim mesmo.

O ANJO DA EDUCAÇÃO

O verdadeiro conhecimento chega até nós quando nos sintonizamos com a nossa Alma. Tudo o que recebemos do mundo exterior é apenas informação de segunda mão e não o conhecimento direto que podemos contatar quando percebemos que ele já está dentro de nós mesmos. Educar é permitir que a sabedoria latente da Alma se manifeste em todos os seres, ensinando-lhes a viver.

Estou disponível e aberto à
educação que vem da minha Alma.

O ANJO DA TRANSFORMAÇÃO

A transformação é um processo misterioso que inclui em si muitas mudanças: a lagarta que se transforma em borboleta, o creme em manteiga, o chumbo em ouro. De um nível para o outro uma alquimia interior se processa e, num instante inesperado, somos borboleta, manteiga ou ouro transformados numa nova dimensão. A transformação acontece naturalmente à medida que nos entregamos ao fluxo da energia divina que tudo permeia e vivifica.

Estou consciente da energia divina
que move o meu ser e me transforma no que Sou.

O ANJO DA CLAREZA

Quanto mais simples se torna a nossa vida, mais nos voltamos para a luz interior que surge para orientar corretamente a nossa ação. Isso é clareza, uma espécie de conhecimento interior que nos conduz com facilidade e leveza ao que é correto.

A clareza de minha Alma flui
através de mim quando penso,
sinto e atuo no mundo.

O ANJO DA LIBERDADE

Uma imensa liberdade é sentida quando soltamos a tensão gerada pelos centros inferiores de consciência, ou seja, o apego ao poder, ao dinheiro e às sensações, e simplesmente permitimos que as energias da Alma se manifestem em nossa vida. A liberdade de sermos pró-ativos, positivos, faz com que aceitemos amorosamente as pessoas e situações como elas são, aqui e agora, sem os efeitos colaterais de reações negativas, reativas.

A Energia Amorosa de minha
Alma flui através do meu ser.
Sou livre!

O ANJO DA ESPONTANEIDADE

Quando nos libertamos de crenças e valores limitantes, a energia flui em nós naturalmente. Sem as inibições que aprisionam a nossa mente e o nosso coração, desenvolvemos a capacidade de sintonizar com a essência que está dentro das pessoas e das coisas, fazendo assim desaparecer o medo e as emoções que nos impedem de ser espontâneos. A precisão da espontaneidade é algo presente em toda a Natureza e flui como uma dádiva do Amor.

Escolho ser espontâneo em minhas interações com a vida.

O ANJO DA ORDEM

A consciência da ordem está presente em todos os níveis da criação. Nada existiria se os processos de ordem e ritual fossem esquecidos. O sol, a lua, as estrelas e toda a Natureza respondem com ordem e beleza ao Criador. Quando há ordem, as energias superiores fluem sem impedimentos, o que nos dá uma grande liberdade, pois não precisamos nos preocupar com o que fazer em seguida.

Minha vida exterior reflete a
minha ordem interior.

O ANJO DA POSITIVIDADE

Essa positividade não se contrapõe à negatividade; simplesmente a transforma e possibilita que tenhamos uma visão clara e uma ação correta. Ser positivo é saber que a energia age de acordo com o que pensamos ou sentimos. Se escolhemos o caminho de criar, aqui e agora, a realidade mais apropriada e bela, a energia responderá. A luz da positividade passa pela menor fresta da nossa consciência e se apressa em revelar um caminho para o bem do todo.

Minha mente está plena de
pensamentos positivos que nutrem
e curam a minha vida.

O ANJO DA ALEGRIA

Os Anjos voam porque não se deixam puxar pelo peso de uma sisudez autoimposta. A alegria é leve, luminosa; vem sem criar apego ou divisão. Sejamos a alegria enquanto ela passa e nos tornaremos alados como os Anjos.

Sinto a radiância da alegria
permeando todo o meu ser.
Sinto a alegria de ser quem sou, aqui e agora.

O ANJO DA FLEXIBILIDADE

É preciso estar centrado na própria Alma e receber a inspiração que nos ajuda a não enrijecer ou cristalizar em relação aos nossos pensamentos, conceitos, padrões de hábitos ou condicionamentos. Se somos capazes de seguir com flexibilidade o fluxo da energia nos assuntos da nossa vida, criamos uma abertura para o Espírito que vem em nossa ajuda e torna leve o nosso fardo.

Estou pronto para as
surpresas da vida.

O ANJO DA CONFIANÇA

Quando confiamos no nosso potencial interior, jamais desperdiçamos energia. Sentimos confiança quando somos motivados pela verdade mais profunda em nós e não por aquilo que é a expectativa dos outros a nosso respeito. Quanto mais permitimos que a luz da Alma flua pelo nosso ser, tanto mais sólidas serão as bases de confiança que nos apoiarão nas ações do dia a dia.

A luz do Espírito é a minha
sólida base de confiança.

O ANJO DA SAÚDE

A fonte da verdadeira saúde é a divindade interior que a todo instante procura nos aproximar do padrão perfeito do tecido cósmico de cuja intricada beleza somos parte. A energia amorosa que nutre o nosso ser está sempre disponível para curar qualquer desvio ou esquecimento que resultem em mal-estar ou doença. Visualize agora qualquer área do seu corpo ou da sua vida que necessite ser curada sendo envolvida na luz transformadora do amor que cura.

Todo o meu ser é sadio e pleno
de energia amorosa.

O ANJO DA ENTREGA

Quando nos entregamos à orientação da nossa Alma, percebemos o panorama maior da nossa vida e a ajuda que recebemos para nos livrar dos pesos do passado e de energias negativas que nos impedem de ver a beleza e a força interior de que dispomos. Quando nos entregamos conscientemente à nossa Alma, todas as outras entregas se tornam mais simples e mais fáceis de serem vividas.

Entrego-me ao Amor de Deus
em meu coração.

O ANJO DO ENTUSIASMO

O entusiasmo é a inspiração que vem de Deus. É a certeza de que jamais encontraremos alguém que seja desinteressante, de que nunca viveremos momentos de tédio. Quando nos permitimos realmente viver essa certeza, descobrimos a tremenda energia que está à nossa disposição e que nos apoia em todas as circunstâncias da vida.

O meu ser está radiante
de entusiasmo.

O ANJO DO NASCIMENTO

Quando um ciclo se completa, está na hora de nascer. O nascimento é o momento de transição que antecede uma grande revelação. Tudo o que nasce é pleno de frescor, novidade e inocência. Nada é mais importante do que o nascimento do AMOR em nossos corações.

Estou nascendo a cada momento
para o novo em minha vida.

O ANJO DA INTEGRIDADE

A dança das polaridades é uma constante em nossas vidas: dar e receber, rir e chorar, *ser e não ser,* positivo e negativo; desse modo, cada um carrega dentro de si um espectro colorido de energias. Aceitar e expressar todos esses aspectos é viver a integridade consciente de que somos canais para a expressão viva de nosso Espírito.

Na integridade do meu ser
experimento e expresso a dança da vida.

O ANJO DA PERFEIÇÃO

É perfeito aquilo que é completo, inteiro. A pomba branca não precisa banhar-se para tornar-se branca, nem a flor do campo implorar para possuir fragrância. Quanto mais natural e espontâneo o gesto, mais próximo está ele da perfeição. Uma ênfase excessiva em ser perfeito afasta a possibilidade que temos, a todo instante, de sermos canais para a perfeição do Ser que realmente somos.

No meu Eu Real a vida é eterna,
a sabedoria é infinita, o amor é
abundante e a beleza é perfeição.

O ANJO DA BÊNÇÃO

A bênção de ser consciente, de estar aberto, é a nossa maior dádiva; é algo que jamais se restringe a uma só pessoa. Quando somos abençoados, tudo a nossa volta participa conosco desse momento. Abençoe e torne sagrado tudo o que você é nesse instante.

Sou um ser abençoado de muitas
maneiras e abençoo tudo o que tenho.

O ANJO DA PARCERIA

Quando há parceria não existe dominação. As partes envolvidas em uma mesma situação comungam suas habilidades e talentos para criar uma meta compartilhada. Caminhar juntos em direção a essa meta, conscientes do processo que isso implica, é a verdadeira parceria, na qual os opostos descobrem que são absolutamente complementares.

Cada ser que encontro é meu
parceiro aqui e agora.

O ANJO DA SABEDORIA

Tudo o que existe flui da Fonte da Sabedoria Divina. A sabedoria surge no coração que se abriu para compreender e transformar apegos e dúvidas na certeza de que podemos ter e saber tudo o que necessitamos quando nos conectamos com a Alma. É possível ter muito conhecimento e não ter sabedoria; a sabedoria é uma qualidade pura do Espírito que se manifesta em nossa vida inspirando a ação amorosa e proporcionando abundância a cada momento.

Através da minha conexão com a
Sabedoria Infinita, tudo se torna possível.

O ANJO DA TERNURA

... a ternura da brisa sobre a relva, a ternura de um botão que se abre em flor, a mão que encontra o gesto perfeito, o toque que cura, o olhar de pura compreensão, sem pedir nada em troca. Em nossas vidas, a ternura se traduz na naturalidade de nossas ações porque a Alma dissolveu todo o medo de ser.

O meu ser está radiante de ternura.

O ANJO DA COMUNICAÇÃO

Quando encontramos alguém e nos conectamos com a sua luz interior, permitimos que a mais fluida comunicação aconteça. Seja com palavras, com gestos, com um sorriso ou através do silêncio, a comunicação que surge da Alma irradia interação e sincronicidade em nossa vida.

Expresso claramente no mundo a
voz e a sabedoria do meu coração.

O ANJO DA SÍNTESE

A síntese é uma qualidade-chave para os tempos futuros. Pensar positivamente é muito importante para compreender o significado da síntese em nossa vida sem nos aprisionarmos ou nos tornarmos vítimas dos acontecimentos. Desse modo, estaremos abrindo caminho para a intuição que nos põe em contato direto com a sabedoria interior, ao mesmo tempo que torna possível a ocorrência de uma extraordinária sincronicidade em nossas vidas.

Na luz branca da minha Alma,
vejo a síntese do que sou.

O ANJO DA FORÇA

Uma grande força começa a emergir em nossas vidas quando reconhecemos que segurança e felicidade são qualidades da Alma. Nossa força reside em permitir que essas qualidades fluam através de nós, dando-nos a habilidade de seguir adiante com uma profunda segurança interior.

Minha força é ser capaz de ser
eu mesmo todo o tempo.

O ANJO DO AMOR

"AMA AO PRÓXIMO COMO A TI MESMO." Quando o poder de cura do Amor flui em nossas vidas, transforma velhos hábitos e crenças, ao mesmo tempo que nos protege e vitaliza todos os que nos rodeiam. Tudo é por causa do Amor.

Quanto mais aprendo a me amar,
mais sei amar aos outros.
O amor é minha razão de ser.

O ANJO DA PAZ

A paz é um acordo interior com a serenidade imperturbável da Alma. Isso traz um sentimento que nos inspira a não causar danos e ofensas a qualquer criatura no Universo de Deus. A verdadeira paz transcende a compreensão humana e sintoniza todos os seres com a harmonia universal. Quanto mais nos sintonizamos com a paz, mais radiante se torna a nossa vida.

Eu sou a paz Infinita.

O ANJO DA LUZ

Se nos encontramos no escuro, não iremos conseguir empurrar a escuridão para fora com as mãos ou com a mente. Para fazer desaparecer as sombras é preciso acender uma luz. Se entramos em contato com a Luz Interior da Alma, ela irá transmutar toda a escuridão. Visualize agora em seu coração uma luz que se expande e irradia calor para tudo o que está a sua volta. Sinta a luz se expandindo a partir do seu centro interior até que você se sinta como um imenso Sol de amor.

A luz divina de minha Alma flui
através do meu ser agora.

O ANJO DO PROPÓSITO

Quando sabemos qual é o nosso propósito, o trabalho da Alma se realiza da melhor maneira possível através do nosso corpo. Um propósito claro elimina todas as dúvidas, pois imediatamente identificamos aquilo que nos conduz à nossa meta ou nos desvia dela. A energia em nossas vidas é imensa quando uma clareza de propósito está sempre presente. Você sabe qual é a sua razão de ser?

Coopero alegremente com o
propósito da minha vida.

O ANJO DA RESPONSABILIDADE

Responsabilidade é a "habilidade" de "responder" com os nossos talentos e capacidades ao que nos é atribuído. Ser responsável é usar esses talentos e habilidades para o bem de todos de modo alegre e leve. A responsabilidade só é um peso quando esquecemos de usar nossas capacidades e nos desvinculamos da energia espiritual que vem em nossa ajuda quando somos "responsáveis".

Minha habilidade em responder
está à disposição da vida.

O ANJO DA CURA

A verdadeira fonte de cura é o "Sol Interior", que se irradia através do nosso corpo com suas qualidades de amor e síntese, elevando nossas vibrações e de todo o ambiente que nos circunda. A verdadeira cura é saber que somos Um com Deus.

Sou um canal para a energia de cura do Universo.
Eu permito que a energia de cura de
minha Alma flua através de mim.

O ANJO DA COMPAIXÃO

O ser compassivo compreende o “outro” dentro de si mesmo com uma energia e atitude positivas, atraindo a presença da luz que revela a verdade e o amor que transforma e cura. Ser compassivo é ser igual e estar unido ao outro como a si mesmo.

Eu e Você
somos Um.

O ANJO DO DESAPEGO

O maior ato de desapego é soltar o passado e as preocupações com o futuro e viver no momento presente. Quando fazemos isso concentramos nossa atenção e energia e não nos desvitalizamos com críticas, comparações e julgamentos. O desapego nos libera da culpa e do arrependimento, que são um grande desperdício de energia. No momento presente, não precisamos possuir ou perder nada.

Minha vida é perfeita
aqui e agora.

O ANJO DA INSPIRAÇÃO

A inspiração é como uma chuva de beleza e graça que eleva nossas vibrações na vida diária e nos permite descobrir felicidade e alegria em tudo o que realizamos. Isso acontece quando abrimos nossos corações e mentes para a maravilhosa energia espiritual que nos orienta e abre um caminho em nossas consciências.

Meu ser está radiante
de inspiração.

O ANJO DA PURIFICAÇÃO

A verdadeira purificação se processa quando abrimos nossa mente e nosso coração ao Sol Interior, com seus raios de amorosa luz. Toda a energia que mantém a memória da negatividade se clarifica e, assim, purificamos ao mesmo tempo o corpo e a mente. Visualize agora a luz da sua Alma preenchendo todo o seu ser e purificando cada célula, cada átomo, ao mesmo tempo que se irradia para tudo à sua volta.

Banho-me na luz da minha
Alma todos os dias.

O ANJO DA UNIÃO

No cerne da Alma conhecemos o sentimento de união perfeita que nos inspira a compaixão por todos os seres. A força da união remove bloqueios e dissolve a indiferença. Quando duas ou mais pessoas estão unidas em nome do Amor e da Verdade, a energia espiritual se derrama em bênçãos e preenche todos com suas dádivas.

Eu sou um canal para a expressão
da união entre todos os seres.

O ANJO DA SIMPLICIDADE

Quanto mais nos sintonizamos com o amor e com a intuição da Alma, mais simples se torna viver. No nível da personalidade tendemos a complicar tremendamente as coisas; porém, quando nos tornamos receptivos à orientação interior, a vida se torna simples, clara e livre do que é supérfluo.

Minha vida é plena na
simplicidade das minhas atitudes.

O ANJO DO DELEITE

É importante saber relacionar-se com o prazer, com uma certa capacidade de trazer a luz para dentro de todas as coisas: ao contatar pessoas, no estar presente na Natureza, na fidelidade de um bichinho de estimação, em estar bem consigo mesmo. Deleite é um prazer que vem de dentro para fora e se relaciona com o que está fora de modo a torná-lo ainda mais luminoso.

Eu estou bem! Viver
é o meu deleite.

O ANJO DA BELEZA

Toda a Natureza é bela, e através de sua ordem e ritmo conhecemos a verdade de suas leis. Sentir o ritmo, perceber a ordem sagrada em nossa vida é ver a beleza em um grão de areia ou através da mais desafiante aparência.

Eu vejo o belo no
espelho da vida.

O ANJO DA COMUNHÃO

Comungar é o sacramento da partilha, no qual o ato de dar e receber se transforma na mais íntima comunicação entre dois ou mais seres. Quem comunga participa de um único Espírito de Vida.

Comungo com a minha Alma
no meu Templo de Silêncio e tudo
me é dado por acréscimo.

O ANJO DA FRATERNIDADE

Ser fraterno é tomar consciência da unidade humana que formamos e do apoio mútuo que se torna necessário em nossas vidas. À medida que começamos a aceitar amorosamente as pessoas, abre-se diante de nós um novo caminho, no qual iremos encontrar a unidade e a harmonia maravilhosamente sincronizadas e atraindo as melhores situações para nós e para todos os que nos rodeiam.

Sempre aprendo algo valioso de
cada pessoa que encontro.

O ANJO DA GRAÇA

A graça é uma belíssima qualidade do Espírito que, ao se manifestar em nossas vidas, traz consigo uma energia que eleva os ânimos e desimpede o caminho. Estar em estado de graça é pôr em prática a certeza de que, se batermos, a porta se abrirá e, se pedirmos, nos será dado.

Eu conto com um milagre
a cada momento.

O ANJO DA HONESTIDADE

O primeiro passo é ser honesto para consigo mesmo, e isso significa ser livre. Se, logo de início, em qualquer situação ou relacionamento, optamos pela clareza e pela honestidade, todos se sentirão confortáveis com a verdade e a congruência de nossos sentimentos e ações. Nenhuma clarificação torna-se necessária posteriormente e tudo passa a fluir com beleza e dinamismo.

Quando sou honesto comigo mesmo,
sinto a segurança e o apoio de minha Alma
na minha mente e no meu coração.

O ANJO DA CORAGEM

Agir com o coração. Toda ação que é inspirada por um centro de verdadeiro amor traz consigo firmeza e segurança inabaláveis. Ser corajoso é saber que o medo não oferece resistência ao amor.

Meu coração está aberto e
pleno de coragem.

O ANJO DA VERDADE

Tudo o que é real e que tem existência está ancorado na verdade. Dez pessoas podem olhar para uma mesma coisa e vê-la de diferentes ângulos, porém é a totalidade e a integridade daquilo que existe que o torna verdadeiro, e não a forma como é visto. Somos seres cuja verdade está ancorada na mais pura fluência da energia divina; quanto mais permitimos que essa energia nos vivifique, mais a verdade se manifesta em nossas vidas.

"Eu sou o Caminho,
a Verdade e a Vida."

João XIV-6

O ANJO DA FÉ

A fé é uma atitude que se revela no gesto de abrir-nos para a sabedoria e para o amor da nossa Alma. Essa abertura traz consigo a certeza que cura toda dúvida e hesitação. Quando caminhamos na fé, o universo nos apoia e descobrimos a força interior que remove barreiras e permite que a luminosidade de nosso ser se manifeste.

Tenho uma fé inabalável no poder
interior de minha Alma.

O ANJO DA CRIATIVIDADE

O novo se constrói quando abrimos mente e coração ao poder da Alma e, conscientemente, permitimos que a energia criativa se expresse através de nós. Dessa forma, aprendemos que o poder criativo do universo está dentro do nosso ser e que podemos, com pensamentos, sentimentos e ações positivas, criar a nossa própria realidade.

O poder criativo do Universo está
fluindo através de mim agora.

O ANJO DA DISPONIBILIDADE

Estar disponível é ser capaz de usar a própria vontade com amor e sabedoria. O amor torna a ação voluntária por intermédio do coração; a sabedoria aponta a direção através da visão clara. Desse modo, estar disponível é felicidade completa.

Sou feliz! Minhas ações estão
orquestradas pela minha Alma.

O ANJO DO HUMOR

É impossível ter um pensamento depressivo quando estamos dispostos a dar boas risadas. O riso pode ajudar-nos a olhar para a nossa própria vida de uma perspectiva nova e estimulante. Quantas vezes estamos levando a vida a sério demais e causando dor e sofrimento desnecessários. O humor toma as coisas fluidas, derrete o gelo e revela a verdadeira beleza de cada ser. Ria: é bom para o corpo e para a Alma.

As pessoas constantemente
apreciam o meu bom humor.

O ANJO DA SERENIDADE

Estar sereno é deixar-se fluir com as circunstâncias de cada momento, conhecendo e saboreando cada instante e sabendo que nada é permanente. Essa serenidade vem da Alma e é dentro de nós o único centro permanente que nos nutre durante o processo de compreender que os bons e os maus momentos da vida passam e fazem parte do nosso crescimento espiritual.

Vivo serenamente na plenitude
de cada momento presente.

O ANJO DA COMPREENSÃO

Quando compreendemos quem realmente somos, uma transformação total se processa em nossas vidas. Na luminosidade da Alma compreendemos que o verdadeiro conhecimento vem de dentro de nós mesmos e se transforma na verdadeira experiência do "aprender".

Compreendo tudo e todos porque
exercito a compreensão em mim mesmo.

O ANJO DA CONSCIÊNCIA DE GRUPO

A consciência da Alma é abarcante e grupal. Nessa dimensão, não somos indivíduos separados, mas seres autoconscientes do nosso serviço à humanidade e ao planeta. Ter consciência grupal é responder à orientação que vem da Alma e estar sincronizados, no tempo e lugar certos, com as pessoas e a ação corretas.

Confio e atuo segundo a orientação
de minha Alma todos os dias.

O ANJO DA AVENTURA

Quando surge o convite para a aventura, é hora de seguir adiante e abrir caminho para o novo, de fazer o que for necessário para cruzar a fronteira entre o conhecido e o desconhecido, trazendo riquezas espirituais sem preço.

Tudo em minha vida me leva a
estar mais próximo de Deus.

O ANJO DO ZELO

O zelo é a manifestação do cuidado amoroso da Alma que traz consigo uma luminosidade especial a tudo o que empreendemos. Além de uma consciência de ordem e equilíbrio, quando zelamos por aquilo que nos é confiado, há também a atração de ajudantes invisíveis que começam a cooperar para o sucesso do que realizamos.

O cuidado amoroso com as pessoas,
com as coisas e com a Natureza
me enche de alegria.

O ANJO DO PERDÃO

Uma forte sensação de liberdade surge quando abrimos nosso coração para o perdão. O primeiro perdão é a si mesmo, pois somente quando sabemos nos perdoar é que aprendemos a aceitar cada pessoa como ela é. O maior poder de cura está no perdão que, com a ajuda da Alma, dirigimos às pessoas que nos tenham magoado. O perdão leva-nos a reconhecer a grande lei de Causa e Efeito no universo e abre nossa mente para a misericórdia divina.

Perdoo a todos, perdoo a mim
mesmo, perdoo o passado. Estou livre.

O ANJO DA ABUNDÂNCIA

Aceitar amorosamente as pessoas e situações sabendo que aqui e agora tudo está na hora e no lugar certos, é ser abundante. Abundância não é uma grande quantidade de coisas, mas estar consciente da qualidade em tudo o que se tem.

Eu sou Vida Abundante e
o Amor de Deus vive em mim.

O ANJO DA OBEDIÊNCIA

A única e verdadeira obediência é aquela dirigida à Alma. Dessa dimensão da nossa própria consciência procedem os sinais, as orientações e intuições a serem obedecidos. Quando obedecemos, todos os nossos sentidos estão a serviço da Alma.

Sigo diariamente a orientação
interior que me vem da Alma.

O ANJO DA GRATIDÃO

É muito importante sentir gratidão por tudo aquilo que já conseguimos realizar. Olhar para aquilo que ainda não somos em detrimento do que somos aqui e agora é esquecer da maravilhosa fonte de energias espirituais que flui eternamente em nossas vidas. O sentimento de gratidão preenche o nosso coração e eleva as vibrações de tudo à nossa volta.

Agradeço e aprecio cada momento
consciente da minha vida.

O ANJO DA COOPERAÇÃO

A cooperação é a verdadeira cura para a solidão. É impossível ficar isolado quando nossos talentos e habilidades estão a serviço da alegria de trabalhar juntos por um objetivo comum.

A cooperação faz parte
da minha vida diária.

O ANJO DO EQUILÍBRIO

Quando o ego e a Alma trabalham juntos, há um fluxo equilibrado de energias através do nosso corpo, dos nossos sentimentos e pensamentos. Sentimos interiormente o equilíbrio e nos libertamos de limitações que possam estar em nossos corpos, permitindo que mudanças possam ocorrer.

Confio no meu equilíbrio interior
e permito que ocorram mudanças.

O ANJO DA HARMONIA

Estar em harmonia com o universo é viver pleno de alegria, de amor, de abundância e poder espiritual. Estamos aprendendo a viver em harmonia com as leis do universo e percebendo que somos parte da Natureza. Pessoas que vivem juntas em total e mútuo apoio abrem o caminho para que as energias espirituais dos Anjos fluam em suas vidas trazendo grande harmonia.

Estou vivendo em harmonia com as leis do universo.
Estou criando harmonia a cada instante da minha vida.

O ANJO DA BONDADE

A essência da bondade está em percebermos a rede entretecida e interligada que formamos com todos os seres, em todos os reinos, em todas as dimensões. A bondade da Alma nos inspira a cuidar amorosa e responsavelmente de nossos relacionamentos com pessoas, animais e coisas. Ser bom é perceber no coração a nossa total interdependência e agradecer a cada um por ser exatamente como é.

Sou uma fonte livre e imensamente
poderosa de vida e bondade.

O ANJO DA ABERTURA

Quando nossa consciência se abre para a Luz e para o Amor da Alma, tudo em nossa vida ganha uma nova perspectiva. A Luz revela e ilumina tudo que ainda possa estar obscuro e duvidoso em nossa mente. A presença do Amor dissolve o medo e nos protege, ao mesmo tempo que se irradia para tudo e todos à nossa volta.

Tenho a mente e o coração abertos

à Luz e ao Amor da Alma.

O ANJO DA OPORTUNIDADE

Quando a oportunidade chega, não deve ser desperdiçada. Esse é o momento de lançar o barco, pois a maré é propícia para navegar e chegar ao destino que nos aguarda. Se a maré passa, perde-se a vez. O momento da oportunidade é único – é um oferecimento natural das leis divinas, para que o instante seja perfeito e a fluência da vida não tenha impedimentos. Eis uma boa hora para avançar e progredir.

Estou sempre atento às
oportunidades que a vida me oferece.

O ANJO DO SUCESSO

O sucesso é o presente dado aos que seguem a inspiração divina. E, assim, herdam diretamente, de sua filiação celestial, o direito de alcançar os objetivos almejados. Os bem-sucedidos são os que recebem diretamente da Alma a orientação a ser seguida, a visão ampla e integral de sua condição humana e divina, nesse instante. São aqueles que sabem apreciar e agradecer as dádivas da vida. Sempre que nos permitimos ser reconhecidos pela nossa verdadeira filiação e herança, o sucesso acontece.

O sucesso na minha vida é resultante
da sintonia com a minha Alma.

O ANJO DA DECISÃO

Quando o Anjo da Decisão se apresenta, as dúvidas desaparecem, as muitas opções se resolvem por uma única e direcionada escolha. A decisão corta o cordão umbilical que finalmente separa a mãe do filho e lhe doa nova vida, novo alento. Nasce uma nova pessoa e num novo estado de prontidão. Decidir é o mesmo que seguir em frente, sem o menor perigo de virar uma estátua de sal.

A capacidade de tomar decisões é
um dom inerente ao meu ser.

O ANJO DA NOITE

O Anjo da Noite convida ao repouso os olhos que fitam um único sol e aponta na direção das muitas estrelas. O nosso Sol particular, que gira em torno da Terra, foi fazer o dia em outro lugar, para que vejamos as incontáveis possibilidades, espalhadas pelo Cosmos infinito de Deus. Como somos muito pequeninos, podemos dormir e repousar diante dessa grandiosidade. Ele vela para que estejamos protegidos na nossa vulnerabilidade e nada temamos. Relaxemos no colo do Anjo da Noite.

A Luz de minha Alma
ilumina a noite escura.

O ANJO DA MANHÃ

O Anjo da Manhã brilha com o Sol central, aquele que dá vida em abundância para todos os seres da Terra. É hora de despertar para um novo dia, sentindo um novo começo, convidando o desenvolvimento de uma visão pura. A nova Luz, o novo brilho, renovados todos os dias, anunciam que é hora de começar a descobrir as promessas que chegam com o frescor da manhã. Inauguremos o nosso dia com o Anjo da Manhã, respirando forte, saudando a nossa Estrela. Que seja muito bom o nosso dia!

No meu peito brilha o Sol interior
que ilumina o meu dia.

O ANJO DA PALAVRA CORRETA

Quando a palavra correta é dita, todos os que a ouvem compreendem a mensagem. O verbo encarna o significado eterno e tudo soa e vibra com o poder da verdade que deleita o coração de quem escuta. A boa nova é compreendida por todos e o seu significado é um presente compartilhado. A palavra correta acende a luz num quarto escuro – tudo que precisa ser visto e compreendido se apresenta, sem desperdícios e com precisão.

A minha voz soa a palavra correta e
sou amorosamente compreendido.

O ANJO DA AÇÃO CORRETA

A ação correta é aquela que flui em sintonia com os motivos da Alma. Como uma folha que se desprende da árvore, a flor que desabrocha e o fruto que amadurece, o agir correto segue o caminho de menor resistência, naturalmente, livre de fórmulas rígidas e impostas pela vontade humana. Agir corretamente é dissolver a ilusão de que a Vida pode ser controlada, prevista e agendada. Tudo é movimento, fluência e mutação na vida de quem age corretamente.

Não faço aos outros aquilo
que não quero para mim mesmo.

O ANJO DO VIVER CORRETO

O viver correto produz harmonia, alegria, cooperação e paz de espírito. Mesmo que não seja possível saber as consequências de nossas ações e escolhas, podemos escolher fazer o que nos desperta definitivamente. Cada vez mais, nossa unidade e interdependência com tudo o que vive e vibra passa a ser da maior importância. Nossas ações para manifestar o que sustenta o nosso viver serão tão corretas quanto a capacidade de curar o impacto da nossa presença.

Meu sentimento de unidade com
a Vida torna o meu viver correto.

O ANJO DA PERCEPÇÃO CORRETA

Perceber com clareza é o mesmo que ter a visão iluminada pela Luz da Alma. Podemos ficar livres da ignorância e ver corretamente quem somos. Sem omitir nada, sem reter nada, simplesmente fluiremos com a impermanência de cada momento, transformando-nos em testemunhas atentas desse dinamismo. Ver "aquilo que é", com os olhos da Alma, é estar livre da ignorância e ir ao encontro das alegrias da vida, na certeza de que não se perdeu nada.

Percebo corretamente, com fluidez e flexibilidade, cada instante da vida.

O ANJO DA CONCÓRDIA

Se a inteligência do coração vibra em nós quando fazemos acordos, criamos a harmonia que todos podem ouvir, como música celestial tocando em nossos ouvidos. Ao fazer qualquer tarefa, dando prioridade ao que o coração quer expressar, trazemos a vibração da concórdia para o centro da vida. Acordos harmônicos e sustentáveis só podem existir quando o amor vibra no coração e inspira o ritmo e o compasso da dança entre o ser humano e o ser divino em cada um.

Expresso-me segundo um acordo
firmado com o amor no meu coração.

O ANJO DO DESTINO

Há sempre uma direção a ser seguida, um caminho a ser percorrido para que conheçamos o destino para o qual tudo é criado. O padrão perfeito de nossa vida existe e está sempre disponível para ser encontrado. O caminho é o destino, o destino é o caminho. Tudo conspira a nosso favor quando prestamos atenção ao que a Alma diz e nos dispomos a cumprir a nossa palavra. O nosso destino é viver em eterna sintonia com o amor de Deus.

Sigo o destino desenhado
pelo Amor em mim.

O ANJO DA ESCUTA

Tudo vibra no universo de Deus; tudo canta uma canção que pode ser ouvida como a sua verdade. E, por causa disso, tudo pede para ser ouvido com o cuidado e a atenção que merecem. Para se ouvir bem é preciso silenciar inteiramente os ruídos da crítica e de julgamentos precipitados, criados no bojo de uma mente ruidosa. Quem ouve bem, ouve a verdade do que está sendo comunicado e se une a isso para criar o entendimento justo e necessário.

Ouço, com a atenção que minha
Alma inspira, o canto de cada ser.

O ANJO DA MAGIA

Quanto mais nos sintonizarmos com a sabedoria da Alma, mais compreenderemos a magia oculta em cada ser e evento da vida. Ao compreender verdadeiramente, vamos querer prestar homenagem ao Amor nascido na caverna do nosso coração. Agiremos como um rei mago, ou uma rainha consciente de sua magia, levando os presentes ao que acaba de nascer. Essa é a mais elevada magia que você pode conhecer – a capacidade de amar a Deus e ao próximo como a si mesmo.

O amor é a minha varinha de condão;
meu toque mágico que a tudo cura e transforma.

O ANJO DA CONTEMPLAÇÃO

Há um maravilhoso templo interior, de vastidão desconhecida, que nos acolhe e embevece o nosso olhar. Toda vez que o visitamos, compreendemos o sentido de estarmos unidos a tudo, numa teia de vida infinita. A contemplação com a Alma nos preenche com os significados mais profundos que buscamos para a vida. O silêncio, na mente e no coração, abre as portas e as janelas do templo no qual o nosso encontro com Deus já está marcado.

A luz da contemplação ilumina os meus dias e me enche da alegria de viver.

O ANJO DO DISCERNIMENTO

É preciso saber peneirar cuidadosamente tudo aquilo que chega aos borbotões em nossa consciência. Às vezes, junto com as pepitas de ouro, vem o lodo ou outros elementos para os quais não teremos uso nesse momento. É preciso peneirar com cuidado, dando direção e utilidade para cada coisa que nos chega. Ao permitir que os olhos da Alma detectem e reconheçam o que é verdadeiro e necessário agora, estaremos aptos a servir com o melhor de nós mesmos.

Exercito o meu discernimento
para melhor servir ao mundo que me cerca.

O ANJO DA POESIA

A poesia traduz em palavras precisas aquilo que a Alma do poeta vê. E quando a palavra é um instrumento a serviço de Deus, surgem as profecias. Todo poeta verdadeiro é um profeta cujo compromisso é com a revelação de verdades eternas. O saber nos chega em versos, o verbo rimando com o sujeito de cada ação que somos convidados a realizar. Comunicar a presença da Alma é a forma mais pura de poesia.

Minha vida é o poema cujas rimas
e ritmo estou sempre a escolher.

O ANJO DA DISCIPLINA

O convite do Anjo da Disciplina é para que jamais desistamos de aprender. O aprendizado de uma Alma não tem fim; cada lição aprendida abre novas portas e janelas para visões e possibilidades que ainda não foram sondadas. Mestre e discípulo são partes de uma união indissolúvel, na qual quem ensina aprende e quem aprende pode ensinar. A verdadeira disciplina nos leva a aceitar e a espalhar os ensinamentos que curam todo o sofrimento de quem se viu afastado dos caminhos do Amor.

Estou disposto a me disciplinar
para aprender a amar e a servir ao mundo.

O ANJO DO CARISMA

Quando percebemos o dom divino, que é dado a cada um de nós, para que manifestemos a glória de Deus e de seus Anjos, estamos expressando o nosso carisma. Pela palavra, pelo gesto generoso, em qualquer situação, o Espírito divino pode encontrar um meio de expressão e nos colocar na posição de quem compartilha sua graça, livremente. O carisma é o nosso selo de autenticidade, uma espécie de visto de permissão dado pela Alma, para que possamos entrar no coração de toda criatura.

Sinto-me bem-vindo no coração de
quem encontro pela graça do Espírito divino.

O ANJO DA SOLIDARIEDADE

Ser solidário é pôr à disposição da vida a soma total de todos os nossos talentos. A comunidade em que vivemos, a família que nos abençoa, são campos de ação e demonstração da solidez do nosso caráter. Quando a solidariedade está presente, os interesses comuns são atendidos com as nossas melhores qualidades humanas, pois já compreendemos o valor de um grupo unido. O amor ao próximo e a si mesmo formam uma roda perfeita e, de mãos dadas, giramos numa só dança.

Meu ser se realiza quando
expresso a minha solidariedade.

O ANJO DA PREVENÇÃO

O Anjo da Prevenção chega antes e avisa que algo precisa ser feito, para evitar mal-entendidos ou uma ação indesejada. A expressão "prevenir é melhor do que remediar" foi inspirada pelo Anjo da Sabedoria e encarnada pelo Anjo da Prevenção. Ele nos convida a cuidar de algo que precisa de atenção: a saúde, pedir perdão, a verdade dita na hora certa, o que quer que precisa ser feito para nos prevenirmos de algo indesejável e que não precisaremos remediar mais tarde.

Estou sempre atento ao bem que posso
criar pelo exercício da prevenção.

O ANJO DA CELEBRAÇÃO

Quando demonstramos imensa satisfação em ser parte de um plano perfeito e divino, todo gesto sincero e agradecido de nossa parte é uma forma de celebração. Precisamos celebrar a Vida, com seus ciclos de nascimento, morte e renascimento, e cada dia que nasce e que se completa com a presença de todos os seres e coisas que participam de nossas vidas. Notar a presença de Deus em tudo o que nos rodeia é o princípio que torna sagrada toda e qualquer celebração.

Celebro todos os dias a graça
de ter o Dom da Vida.

O ANJO DA SOLIDÃO

Dar as boas-vindas ao Anjo da Solidão, para refletir e meditar, é querer compreender a essência de tudo que está à nossa volta. Isso não significa isolamento, mas uma escolha consciente de nos recolhermos para encontrar a Alma eterna que vive em nosso coração. Depois desse encontro, perceberemos que todo sentimento de separatividade e isolamento é uma ilusão. A solidão é bem-vinda, quando queremos marcar um encontro com Deus.

A solidão que me leva ao encontro
de Deus me une a todos os seres.

O ANJO DA BEATITUDE

O bom, o justo e o belo são direitos divinos adquiridos ao longo de nossa caminhada como seres humanos. Seremos sempre abençoados com a capacidade de nos sentirmos imensamente felizes quando compreendermos plenamente a nossa herança. A liberdade do orgulho, a expressão de sentimentos puros, a ternura ao buscar a paz e a justiça divinas, iluminam o nosso caminho, onde estivermos.

Sou abençoado de muitas maneiras e
irradio essas bênçãos para o mundo.

O ANJO DA CARIDADE

O Anjo da Caridade tem um coração humano. Suas asas o levam para perto de quem ainda não despertou para o amor. Ele nos acorda e nos mostra o pulsar do nosso coração; desperta-nos para a nossa capacidade de amar e de servir ao próximo. A necessidade é tão grande, de despertar, de nos doarmos, de fazer circular o bem entre todos. Agora, o nosso amor pela humanidade é tão grande que não imaginamos como podemos viver com um coração esquecido da caridade.

Expresso a caridade amando e
agindo para o triunfo do bem.

O ANJO DO LOUVOR

O amanhecer traz o louvor dos pássaros que cantam para glorificar a Deus. A natureza inteira louva o Criador e demonstra os atributos de tudo o que foi criado com perfeição. Os Anjos não se cansam de cantar louvores e de enaltecer as qualidades divinas que podem encontrar expressão em cada coração humano. O louvor está no peito de cada um que se devota a amar e a servir, sem medo de ser feliz.

Quero cantar louvores ao
Deus de Amor que me vivifica.

O ANJO DO SILÊNCIO

As palavras se calam para que possamos ouvir a voz da Alma. Ela nos transmite a necessidade de um silêncio meditativo que acolhe a nossa integridade. Silenciar é meditar para ouvir, ver e compreender a verdade que surge, vinda de todas as direções, dissolvendo as ilusões e deixando-nos sozinhos no vazio do silêncio. O Anjo do Silêncio vem e preenche o vazio com a única substância que tanto queremos experimentar, para nos curar de todos os medos: o Amor.

No silêncio da meditação, renovo
as minhas energias diariamente.

O ANJO DA MÚSICA

A arte das musas precisa ser parte integral da vida para ampliarmos a nossa sensibilidade. Percebamos a melodia que estamos criando com os nossos pensamentos; ouçamos a harmonia de sons agradáveis que fluem de nossos sentimentos; vibremos com o ritmo do coração que nos mostra a cadência de uma vida a ser bem vivida. Que o Anjo da Música seja a musa orientadora que harmoniza as notas graves e agudas da nossa inconfundível melodia.

Canto e danço alegremente no meu caminhar pela vida.
O Espírito de Deus vibra em mim.

O ANJO DA PROVIDÊNCIA

Deus sabe, antes mesmo de pedirmos, tudo de que precisamos. Ele providencia para que tenhamos o que pedimos do jeito que é melhor para nossas vidas. O mais importante é lembrar que na nossa jornada estamos sempre recebendo o que precisamos. Basta prestar atenção às diferentes maneiras como tudo é providenciado. Pode não ser como queremos agora, mas será perfeito se dissermos: "Que a vontade de Deus se faça através de mim."

Confio plenamente
na providência divina.

O ANJO DA MOTIVAÇÃO

Ao agir motivados pela Alma, a mente e o coração olham numa mesma direção. Tudo o que é necessário para causar um gesto harmonioso, um pensamento positivo e despertar a emoção que vibra e dá o colorido necessário já se encontra no íntimo da nossa consciência. O incentivo divino que precisamos já habita e se move por todo o nosso ser. O motivo para a ação está tão claro e belo: que formamos com o Anjo uma unidade indissolúvel.

Deus em mim é o incentivo
que move a minha vida.

O ANJO DA RESSURREIÇÃO

O calmo dia, a bela rosa, a doce primavera hão de morrer e renascer em ciclos infinitos. Morte e renascimento são os ritmos da dança da Vida, que ressurge e amplia o movimento espiralado, em passos precisos. Ao ressurgir para a Vida Abundante, cada ser que desperta no Amor jamais se esquecerá de sua eternidade. O Anjo nos estende a mão para que lembremos que a morte é um arco de passagem, celebrando o triunfo do Espírito divino que não tem começo nem fim.

Vejo ressurgir em mim a alegria
de viver eternamente.

O ANJO DA INTERCONECTIVIDADE

Os fios da vida estão unidos num único tecido. Tudo o que vive está interligado numa teia na qual os significados de cada gesto, pensamento e sentimento vibram e tocam tudo e todos. O que está conectado na Terra é um reflexo das conexões feitas no Céu. Os vínculos de cuidado e respeito que formamos com cada ser criam o tecido de um amor coerente e forte. A síntese de nossas diferenças e da bela diversidade que formamos é a realidade da nossa interconectividade.

Sou como um fio forte e
luminoso na teia da vida.

O ANJO DO DIÁLOGO

Sempre que o Anjo quer que uma mensagem flua através da nossa consciência inicia-se um diálogo. O significado da mensagem é compreendido e um intercâmbio entre o Reino Angélico e o Reino Humano acontece. O elo desse intercâmbio é a palavra e seu sentido sagrado sendo veiculado para criar a mais clara e completa comunicação entre dois ou mais seres. A mente sabe o que o coração sente; o coração sente o que a mente sabe e, juntos, dialogam para criar uma realidade sem divisões.

Dialogo diariamente com o
Deus que me vivifica.

O ANJO DA REVELAÇÃO

Ao descobrir a verdade nós a divulgaremos. E, ao revelar-se, a verdade mostra a divina presença ao nosso lado. Toda revelação que vem de Deus transcende a nossa compreensão ordinária e tira a venda de nossos olhos. O amor revelado em nossa ação, a alegria revelada em nossa emoção e a paz revelada em nossa mente denotam que estamos vivendo a vida com os sentidos luminosos da Alma. Sem os véus da ilusão, podemos compreender o que Deus tem a nos dizer.

Revelação! Sou uma eterna criança
divina, nutrida e amada por Deus.

O ANJO DA CONSERVAÇÃO

Ao conservar a energia sagrada e divina com que fomos abençoados, aprendemos a nos resguardar e a nos defender da degradação e do desperdício. No ato de conservar, aprendemos a usar e a respeitar as dádivas da Mãe Natureza. Ao cuidar para que os fios na teia da vida não sejam danificados, nos protegemos de uma decadência autoimposta. O Anjo da Conservação preserva na nossa consciência o verdadeiro sentido de estarmos "sãos e salvos", no corpo e na Alma.

Conservo em mim a memória
da minha origem divina.

O ANJO DA SINCRONICIDADE

O Anjo da Sincronicidade traz o sentido perfeito, que chega na hora certa, no lugar mais apropriado, para demonstrar o amor de Deus por todas as criaturas. Tudo faz sentido, tudo é abençoado num instante de sincronicidade. O Anjo soa as cordas da lira que faz parar o tempo linear; o tempo divino marca o encontro e cria a epifania que jamais será esquecida. A coincidência divina que uniu o tempo e o espaço está aqui para nos abençoar com uma dádiva. Vamos recebê-la.

Nos momentos de sincronicidade,
vejo as dádivas com que a minha
Alma me presenteia. Sou feliz!

O ANJO DA TRADIÇÃO

Ao entregar ao outro o que temos de melhor na nossa história, estaremos dando continuidade à tradição de servir e amar ao próximo como a nós mesmos. A continuidade da confiança mútua se estabelece e todos se beneficiam com a lembrança do que deve ser preservado para as futuras gerações. Um gesto, uma palavra, um rito que celebrem a tradição de amar ao Deus vivo em cada criatura, cura a dor do esquecimento e reaviva as verdadeiras ligações.

Estou a serviço da tradição que
celebra o triunfo do amor.

O ANJO DO CRESCIMENTO

Tudo cresce a partir de uma semente que contém o potencial do ser inteiro. E o ser, na sua inteireza, contém infinitas sementes. Quando essas se rompem, o crescimento não terá fim – a multiplicação dos pães e dos peixes, pelo poder de sementes benditas de fé, esperança e caridade, é o testemunho mais claro dos mistérios de Deus. Quem tem a semente da fé em si verá crescer a esperança e florescer a caridade.

Cresce em mim, a cada dia, a flor
da minha bela Alma.

O ANJO DA VIAGEM

A viagem pode ser para dentro de si mesmo, para um país distante ou para a cidade mais próxima. Uma travessia se faz necessária, num movimento que leve a Alma até o seu destino mais benfazejo. O barco, o avião, o carro, a imaginação, todos levam o viajante ao encontro daquilo que já está vindo para encontrá-lo; e, ao encontrar-se consigo mesmo nessa jornada, a alegria será redobrada. Nesse lugar, estarão todos os que vieram para celebrar a vida de mais um que chegou ao seu destino.

Estou protegido para viajar
pelos caminhos da vida.

O ANJO DA NUTRIÇÃO

Quando a consciência se nutre da essência luminosa que a tudo permeia, o corpo e a mente se tornam sãos. A cura é sempre possível quando nos nutrimos para conservar o vigor do espírito que anima o nosso corpo. O pão nosso de cada dia nos é dado e vemos brotar e crescer o que temos de melhor. O alimento material e o espiritual se combinam para nos dar a verdadeira nutrição. Pensamentos, emoções e ações inspirados pela Alma nutrem não só a nossa vida, mas a de todas as formas que a divindade criou.

Sinto-me revigorado ao nutrir-me
da Luz de minha Alma.

O ANJO DO TEMPO

O tempo do sol, o tempo da eternidade, o tempo dos seres humanos e dos Anjos. Cada tempo é marcado num ritmo que lhe é peculiar, cada um respondendo a uma vibração diferente. Estar no tempo certo de plantar ou de colher denota a nossa atenção para com os ritmos da vida. Se temos muito tempo, ou não temos tempo algum, o Anjo não se perturba nem se espanta – ao nosso lado, seu tempo de proteger é marcado pela eternidade. O importante é estarmos presentes, em qualquer tempo.

Estou sempre presente no fluxo
do tempo de agora.

O ANJO DA SIMETRIA

O ego e a Alma formam uma bela simetria, como as duas partes de uma semente pronta para germinar. Como a semente inteira é divina e graciosa, cada parte é simetricamente perfeita nessa mesma graça e divindade. Ao meditar sobre a nossa integridade, lembramos que nossas proporções são regulares e perfeitas na mente de Deus. Nessa nova simetria, o ego precisa de sua parte Alma e a Alma precisa de sua parte ego, para que se transformem na verdadeira Árvore da Vida.

Sou criado na simetria perfeita
de partes diferentes que se harmonizam.

O ANJO DA PAIXÃO

Conhecer a paixão é conhecer a nós mesmos na face do Ser Amado. Sabemos que haverá uma última ceia e que ainda sofreremos por nos sentirmos separados do Amor. Mas o entusiasmo devoto da paixão nos leva a conhecer a verdadeira entrega, e provamos do pão e do vinho no banquete da vida. O sofrimento de nos sentirmos separados se deixa morrer e, em seu lugar, vivemos o deleite de ressuscitar para uma identidade nova, unidos ao Ser Amado.

Com paixão, posso sentir a
razão do meu viver.

O ANJO DA VISÃO CLARA

A visão clara une o subjetivo com o objetivo, o claro com o escuro, o que está acima com o que está abaixo. Ver o que está dentro de si e o que está fora, como se fossem uma só visão, é tarefa que a nossa Alma se deleita em realizar. Quando a visão clara nos visita em meditação, ou simplesmente nos faz uma surpresa, compreendemos o como e o porquê de nossas indagações. A razão e os sentimentos se aliam, trazendo luz para todas as cores e formas de nossas melhores intenções.

Com a visão clara, posso ver
como sente a minha razão e o
raciocínio dos meus sentimentos.

O ANJO DA MISSÃO

Somos missionários a serviço do Amor Maior. Nossa missão é fazer chegar a sua mensagem às pessoas certas, nos lugares certos. A mensagem é uma só: "Amar e respeitar uns aos outros." Esse é o chamado para expressar a nossa verdadeira vocação e, a cada passo dado, descobrirmos os detalhes do plano de Deus para a nossa vida. Ao sermos enviados em missão de amor, cada gesto consciente é como um ato solene que celebra e respeita a vida, em todas as suas manifestações.

Minha missão mais importante é
amar e celebrar a vida.

O ANJO DA EMERGÊNCIA

A árvore que ainda vai ser emerge da semente; a criança pronta para nascer, do útero materno; um sentimento de amor verdadeiro, do coração; a ideia iluminada, da mente tranquila. De um mar de inconsciência emerge a consciência mais luminosa, e se manifesta na espontaneidade da criança, na aspiração do jovem, na ação criadora do adulto, na contemplação do ser maduro. O que emerge de bom, belo e justo em nós tem urgência para se espalhar e se multiplicar pela vida afora.

Sinto a emergência do bem que
eu quero para mim e para todos.

O ANJO DA RESTAURAÇÃO

O que foi rompido é restaurado, o que foi ferido é curado, o que está doendo é devolvido à sua condição de inteireza. A paz de Deus, quando restaurada na mente e no coração humanos, renova as esperanças de quem viu a tempestade passar. Eis que o que estava pronto para partir se foi e o que nasce vem renovar a face do Céu e da Terra. O tempo da restauração traz o dom de renovar-se continuamente. Agora é o tempo de confiar no Espírito Divino que a tudo faz crescer e prosperar.

Vejo restaurar-se em mim a confiança
inabalável de seguir adiante.

O ANJO DA CALMA

Os nervos relaxam, os músculos se aquecem para sossegar e o medo se dissolve da mente que está calma. Livre das agitações e da excitação mental causada por estímulos externos, a Alma se acalma no peito de quem respira e medita para começar o dia. A presença de um estado de calma é o presente para quem se dedica ao cultivo de atitudes positivas. Meditar e favorecer o silêncio na mente é a garantia de uma vida sem *stress*, tendo o tempo como um grande aliado.

A calma é minha aliada em todos
os momentos da vida.

O ANJO DO SONHO

Quando temos um sonho, devemos criar um campo de fé para que ele se realize. Ele pode surgir na inocência da nossa criança eterna, pode nos visitar na fértil imaginação adolescente ou pode encher os nossos olhos enquanto amadurecemos para a vida. Esse campo que criamos é feito das sutilezas que o olhar de nossa Alma registra para nos lembrar que todo sonho pode se tornar realidade. O mundo está sendo criado a partir dos visionários que, corajosamente, dizem: "Eu tenho um sonho..."

O que eu sonho em parceria com
a Alma torna-se realidade.

O ANJO DO DESPERTAR

Existem muitas maneiras de despertar. Há o despertar do corpo, o despertar das nossas emoções e dos pensamentos que pedem a nossa atenção. À medida que acordamos para o sentido desses níveis do ser, compreendemos o que viemos fazer na Terra. Quando o nosso "eu humano" acorda para perceber que formamos uma unidade com o "eu divino", imediatamente despertamos para o propósito de estarmos no mundo. Só então podemos dizer que estamos "despertos".

Desperto com a luz do sol interior
que brilha através de mim.

O ANJO DA BUSCA

A busca vai nos levar para além dos territórios familiares e nos fazer dar a grande volta. O buscador dentro de nós quer encontrar o que parece estar perdido, ou encontrar-se face a face com a Alma, numa dimensão distante. Viajar pela estrada espiral da vida, sair do lar conhecido em direção ao desconhecido faz parte do destino de quem busca o encontro consigo mesmo. Navegar é preciso pelos oceanos da consciência e aportar na Terra do Amor Sem Fim.

A busca marca o meu encontro
com o que está vindo ao meu encontro.

O ANJO DA INOCÊNCIA

Diante da inocência, o conhecimento se desmancha. Ela nos diz que não podemos saber tudo, enquanto a ignorância afirma que é possível tudo saber. Em sintonia com ela, queremos estar livres do julgamento do certo e do errado, do belo e do feio, mas dar um passo adiante como quem está aprendendo a andar. Como aprendizes eternos, cantamos canções de inocência para celebrar o que há de mais precioso em cada ser. Todos os "começos" são possíveis por causa da inocência.

A inocência me protege para
seguir sempre em frente, sem medo de errar.

O ANJO DA EXPERIÊNCIA

A experiência mais importante é aquela que dissolve o medo de conhecer-se a si mesmo. Cada tentativa é um tento que afasta o perigo da ignorância e do isolamento, num mundo onde todos participam e partilham aprendizagens. Quem gosta de aprender ganha a experiência de viver a vida segundo a lei do Amor. E a experiência de vida de cada um contém o saber *ser*, o poder *fazer* e o querer *ter*, de um jeito que todos gostam de experimentar.

Todas as minhas experiências me
ensinam sobre os caminhos do Amor.

O ANJO DA FORMA

No universo de Deus, tudo o que é visível tem uma forma, embora nenhuma caiba em uma fôrma predeterminada. Toda forma se move e se transmuda em átomos que ocupam o tempo e o espaço, onde ondas de matéria se enchem de partículas divinas. A beleza e o sentido com os quais podemos preencher as formas que compõem a nossa vida mudam com o olhar de quem as contempla e se vitalizam com o toque de quem as abençoa e agradece a sua existência.

Estou sempre disposto a revelar a
essência das formas que estão na minha vida.

O ANJO DA EXATIDÃO

O momento exato, a medida exata, a palavra dada no acordo que põe fim às incertezas... Precisamos da exatidão quando os pequenos detalhes fazem a grande diferença. Para que tudo funcione corretamente, sem o perigo da desatenção, precisamos ser exatos em nossas medidas, ao usar recursos que se esgotam, ou quando uma simples gota d'água é o suficiente para provocar uma inundação. Agir com exatidão é saber respeitar nossos limites diante do Grande Mistério.

A exatidão é a medida certa que
me protege de qualquer desperdício.

O ANJO DA APRECIAÇÃO

Apreciar uma pessoa, um objeto ou uma situação é saber ver e expressar o que de mais precioso elas nos oferecem. Quando sabemos apreciar, despertamos o ânimo, elevamos a estima, e a energia amorosa circula abundantemente para todos. A apreciação surge do olhar de quem ama e percebe o significado de tudo, na vasta paisagem entre o Céu e a Terra. Valorizar o que temos de melhor e agradecer a contribuição única que cada um oferece é um ato que liberta e cura.

Aprecio e agradeço as
dádivas de ser quem sou.

O ANJO DA VIRTUDE

Estamos cheios da virtude quando sentimos o vigor da Alma a nos inspirar ações que criam o que é excelente. A excelência é o presente que recebemos como resultado de atos que beneficiam as partes e o todo, segundo suas autênticas necessidades. O homem e a mulher virtuosos dão a permissão para que seu potencial humano se alie ao seu potencial divino, e por isso a graça e o milagre se tornam visíveis.

A maior virtude é expressar a
minha natureza humano-divina
em tudo o que realizo.

O ANJO DA PROFECIA

A vontade de Deus para a nossa vida está escrita no espaço silencioso entre o inspirar e o expirar. Mas é preciso saber escutar para compreender e traduzir, em palavras, as revelações que nos conduzem ao nosso propósito. Quando falamos inspirados pela Alma, nossos enunciados são como verdadeiras profecias. Elas nos chamam para prestar atenção ao que podemos criar com o poder da palavra e ajudar a manifestar o plano divino sobre a Terra.

Medito para ouvir a voz e a
sabedoria do Bem-Amado no meu coração.

O ANJO DA PROSPERIDADE

A prosperidade nos torna fortes e nos favorece para que nos saiamos bem em qualquer atividade. Diante de qualquer situação, sabemos que vamos conseguir o que a nossa Alma mais deseja, pois tudo é auspicioso no caminho de quem sabe dar e receber na mesma medida. O bem-estar físico, emocional, mental e espiritual que sentimos faz com que tudo vá dando certo, sem acumular ou faltar. Quando nos sentimos prósperos, bênçãos divinas são semeadas abundantemente em nossas vidas.

Sinto-me próspero e seguro,
quando posso dar e receber em abundância.

O ANJO DA LEI

Toda lei é para ser seguida ou transcendida, jamais transgredida. Quem segue a lei aprende e evolui. Quem a transcende, sabe segui-la e se autogovernar para ir além de seus limites. Como um pássaro que transcende a lei da gravidade, relacionando seu peso e aerodinâmica ao ar, o ser humano voa com asas de Anjos quando relaciona o seu eu humano com o seu eu divino. A lei deixa de ser uma autoridade que nos controla de fora, e passa a ser um princípio que nos vivifica por dentro.

Sigo a Lei do Grande Amor que me ama
e ao meu próximo como a "Si Mesmo".

O ANJO DO PRESENTE

Estejamos aqui e agora. O agora é aqui, neste momento presente, o único instante no qual tudo pode acontecer ou deixar de acontecer. Estamos prestando atenção? Estamos percebendo neste exato instante o que se passa? Estamos nos sentindo na presença do Deus que nos ama eternamente? No silêncio fecundo deste momento recebamos o eterno presente da nossa existência.

Estou sempre atento e agradecido
às dádivas que o presente me traz.

O ANJO DO FUTURO

O tempo que há de vir para uma borboleta que ainda está no casulo... A visão de um visionário que enxerga o futuro no presente... O sonho que se guarda no peito com a fé que o torna realidade... O futuro contém o presente para quem sabe esperar a hora certa de agir, para colher os frutos suculentos e maduros a que tem direito.

As decisões que tomo hoje
desenham o meu futuro.

O ANJO DO PASSADO

Os passos que foram dados, o portal que se cruzou e eis que completamos um ciclo. O tempo que passa para a criança é o mesmo que passa para o ancião. A Alma dentro de cada um vive no eterno – seja no corpo de quem tem 8 anos ou de quem já viveu 80. E, assim, o passado é uma ponte que atravessamos, como num passatempo, enquanto nossa Alma passeia pelos aprendizados que nos ensinam sobre a eternidade.

Agradeço, reverencio e solto
tudo o que já passou.

O ANJO DA PRESENÇA

Há sempre um Anjo presente, além do tempo e além da vida e da morte. Ele guarda na memória o que somos em essência; ele protege a nossa forma, para que caibamos nela e cumpramos o nosso destino humano-divino. O espaço que ocupamos e o tempo que compartilhamos se desfazem quando podemos, enfim, estar diante de sua presença. Com esse aliado ao nosso lado, a aventura de viver se transforma na verdadeira busca e no encontro com a bem-aventurança.

O Anjo da Presença guarda a minha vida.
Sinto-me amado e protegido.

O ANJO DA ANUNCIAÇÃO

O mensageiro veio anunciar que a mais elevada vibração do Amor encontrou um lugar no seio da humanidade. E porque o Anjo proclamou aos quatro ventos e disso não fez segredo, cada ser humano sabe que o Amor está nascido na caverna do seu coração. Embora o Anjo tenha anunciado, cumpre a cada um cuidar do recém-nascido e mostrá-lo ao mundo, em atos e gestos que iluminam a face do Amor Criança e curam o mundo.

Sinto a presença transformadora
do Amor que nasceu no meu coração.

APÊNDICE

OS ANJOS E A HIERARQUIA ANGÉLICA CELESTIAL

Existe uma hierarquia angélica composta de Nove Coros Celestiais que recebem os seguintes nomes:

1 Serafins

2 Querubins

3 Tronos

4 Dominações

5 Virtudes

6 Potestades

7 Principados

8 Arcanjos

9 Anjos

OS ANJOS E SEUS NOMES NA HIERARQUIA CELESTIAL

Os nomes dos Anjos na hierarquia celestial correspondentes aos Nove Coros, segundo a Cabala.

1 Metatron

2 Ratziel

3 Tzaphkiel

4 Zedekiel

5 Kamael

6 Michael

7 Uriel

8 Raphael

9 Gabriel

OS ANJOS E AS PALAVRAS

Os Anjos são também chamados de "Grandes Seres da Música da Palavra", razão pela qual algumas palavras são associadas aos seus nomes:

METATRON: Propósito, Silêncio, Verdade, Amor, Irradiação.

RATZIEL: Sabedoria, Unicidade/Unidade, Entrega, Purificação, Inclusividade, Síntese.

TZAPHKIEL: Compreensão, Clareza, Confiança, Flexibilidade.

ZEDEKIEL: Misericórdia, Compaixão, Abundância, Humildade, Ação Correta.

KAMAEL: Justiça, Discernimento, Transformação, Renascimento, Redenção.

MICHAEL: Beleza, Harmonia, Paciência, Fé, Equilíbrio, Esperança.

URIEL: Vitória, Força, Aventura, Desapego, Missão, Ressurreição.

RAPHAEL: Esplendor, Glória, Paz, Perdão, Fraternidade, Caridade, Cura, Sacrifício.

GABRIEL: Alegria, Educação, Comunicação, Graça.

OS ANJOS E OS DIAS DA SEMANA

DOMINGO – Michael

SEGUNDA – Gabriel

TERÇA – Kamael

QUARTA – Raphael

QUINTA – Zedekiel

SEXTA – Haniel

SÁBADO – Cassiel

OS ANJOS E AS CORES

METATRON – Branco

RATZIEL – Cinza

TZAPHKIEL – Preto

ZEDEKIEL – Azul

KAMAEL – Vermelho

MICHAEL – Amarelo

URIEL – Verde

RAPHAEL – Laranja

GABRIEL – Violeta

OS ANJOS GOVERNANTES DOS DOZE SIGNOS DO ZODÍACO

ÁRIES: Machidiel

TOURO: Asmodel

GÊMEOS: Ambriel

CÂNCER: Muriel

LEÃO: Verchiel

VIRGEM: Hamaliel

LIBRA: Uriel

ESCORPIÃO: Barbiel

SAGITÁRIO: Adnachiel

CAPRICÓRNIO: Hanael

AQUÁRIO: Gabriel

PEIXES: Barachiel

ORAÇÃO A SÃO MIGUEL

Hostes angélicas pelos Arcanjos lideradas,

Poderes celestiais e benfazejos.

Mestres da musicalidade da Palavra,

Grandes seres aos quais foi dada soberania

Sobre as esferas celestiais infinitas Comandando os Querubins e os Serafins flamejantes,

Vós, Miguel, Príncipe dos Céus, E vós, Gabriel, através do qual o Verbo nos é comunicado,

E vós, Uriel, grande Arcanjo da Terra,

E vós, Rafael, que ministrais a cura para os que ainda estão cativos,

Guiai nossos passos enquanto caminhamos

Em direção à luz eterna.

Eusébio, 200 d.C.

ORAÇÃO AO ANJO DA GUARDA

Santo Anjo do Senhor,
Meu zeloso guardador,
Já que a ti me confiou
A piedade divina,
Me rege, guarda, governa
e ilumina.

Amém

ALGUMAS CITAÇÕES SOBRE O REINO ANGÉLICO

"Amar pelo bem de ser amado é próprio do ser humano, mas amar pelo bem do amor é próprio dos Anjos."

– Alphonse de Lamartine
poeta francês, 1790-1869.

"Os Anjos são aspectos de Deus que nos tocam de maneiras misteriosas e sutis e em muitos níveis da mente. São mensageiros divinos que podem transformar nossas atitudes, mudar nossos padrões de pensamento e renovar nossos ideais, se nos abrirmos aos seus cuidados."

– Harvey Humann (Em *Anjos – Mensageiros da Luz*, de Terry Lynn Taylor, Editora Pensamento, São Paulo, 1991.)

"Milhões de seres espirituais caminham invisíveis sobre a Terra, tanto quando dormimos como quando estamos acordados."

– Milton (Em *Anjos – Mensageiros da Luz*, de Terry Lynn Taylor, Editora Pensamento, São Paulo, 1991.)

"Deus é amor. À medida que a Sua criação se torna mais consciente, expressa um amor cada vez maior. A essência da vida, não importa em que nível de consciência, é amor. A vida se torna mais perfeitamente ela mesma quando circundada de amor. Isso é verdadeiro para todos os níveis de existência. A maior contribuição que a humanidade pode dar à vida neste planeta é amar conscientemente e, assim, trazer mais vigor, saúde e beleza para a vida."

– Anjo da Paisagem (Em *Comunicação com os Anjos e os Devas*, de Dorothy MacLean, Editora Pensamento, São Paulo, 1986.)

"Seu desafio é o de despertar do encanto da matéria, ao mesmo tempo que ainda retém as formas humanas que você reuniu em torno de si durante sua descida para este mundo físico. Nossas legiões estão aqui para incentivá-lo e apoiá-lo."

– *A Estrela-Semente*, de Ken Carey, Editora Cultrix, São Paulo, 1991.

"Dentro de você dorme a visão criativa que iluminou pela primeira vez o espaço dimensional. Dentro de você, o Criador de Estrelas se agita no limiar do despertar. Seu ego não irá dissolver-se nesse despertar; seu ego ascenderá para a compreensão iluminada de sua parceria cocriativa com o Eterno Ser no qual este universo se condensa. Você já está se movendo pelas correntes do pensamento eterno e, à medida que flui com esse pensamento, ele volta a ser seu. Você volta a lembrar."

– *A Estrela-Semente*, de Ken Carey,
Editora Cultrix, São Paulo, 1991.

PRÓXIMOS LANÇAMENTOS

Editora
Pensamento
SÃO PAULO

Para receber informações sobre os lançamentos da Editora Pensamento, basta cadastrar-se no site: www.editorapensamento.com.br

Para enviar seus comentários sobre este livro, visite o site www.editorapensamento.com.br ou mande um e-mail para atendimento@editorapensamento.com.br

Impresso por :

Graphium
gráfica e editora

Tel.:11 2769-9056